La fil
hors du temps

niveau A2
Pierre Delaisne

didier

Dans la même collection

Niveau A1
Disparition à Saint-Malo
Le casque mystérieux
Quinze jours pour réussir !

Virgule
Mais où est Louise ?

Niveau A1/A2
S.O.S. Urgences

Niveau A2
Le jour où j'ai raté le bus
Carton rouge ou mort subite
C'est pas compliqué l'amour !
Avertissement de conduite
Crime d'auteur

Un agent très secret
L'ours sort ses griffes
Un printemps vert panique
Les disparus de Fort Boyard

Conception et direction artistique de la couverture :
Christian Dubuis Santini © Agence Mercure

Conception de l'intérieur :
Nicole Pellieux

Mise en page :
Nelly Benoit

Illustrations (couverture et intérieur) :
Jérôme Pastorello

Crédits CD audio :
Enregistrements, montage et mixage : Fréquence Prod
Lecture : Serge Thiriet
Musique : *Positive Perspectives,* composée par Philippe Guez, KMUSIK

© Les Éditions Didier, Paris, 2010 - ISBN 978-2-278-06668-1 - Imprimé en Italie
Achevé d'imprimer en juillet 2010 par Canale - Dépôt légal : 6668/01

Avant-propos

Lecture : mode d'emploi

Lire est d'abord un plaisir : ne le gâche pas en t'arrêtant à chaque fois que tu rencontres un mot inconnu. Continue ! La plupart du temps, tu peux poursuivre ta lecture sans problème grâce au contexte. Si tu as l'impression que tu ne comprends pas quelque chose d'important, n'hésite pas : reprends au début du chapitre.

Avant de passer au chapitre suivant, tu peux – si tu le veux – faire le point en répondant aux questions posées à la fin du livre, page 53. Si tu as un doute, regarde les réponses page 63 : ainsi, tu sauras tout ce qu'il faut savoir pour comprendre la suite.

Pour t'aider, tu trouveras la liste des personnages à la page 6 et l'explication des expressions marquées * dans le lexique, page 59.

Lire n'est pas seulement une source de plaisir. La lecture te permet d'affermir tes connaissances, de revoir et d'enrichir ton vocabulaire et de constater que, grâce au contexte, tu comprends beaucoup plus de choses que tu ne le pensais !

Si tu le veux, tu peux noter les expressions qui te semblent personnellement utiles dans ton carnet de vocabulaire.

Remarques pour le professeur

L'histoire fantastique proposée correspond à un niveau A2 de compétence en lecture. Le héros de *La fille qui vivait hors du temps* a sensiblement le même âge que les lecteurs et évolue dans un milieu que des adolescents peuvent aisément se représenter. La vie quotidienne en famille et au collège constitue le cadre réaliste du roman tandis que les éléments fantastiques s'articulent logiquement jusqu'à former un univers « hors du temps » dès qu'on accepte l'idée que certains êtres peuvent se déplacer dans le temps aussi facilement que dans l'espace.

Les lecteurs se mettront aisément dans la peau d'Alban, un personnage sympathique et attachant, pour vivre une aventure extraordinaire dans laquelle la frontière entre le réel et l'imaginaire est fluctuante.

Les questions et activités proposées pour chaque chapitre permettent au lecteur de vérifier qu'il a globalement compris le texte et qu'il a repéré les quelques informations importantes pour la compréhension du récit.

Quand, pour les besoins spécifiques de l'histoire, le vocabulaire utilisé dépasse les connaissances supposées acquises au niveau de compétence A2, nous avons veillé à expliquer dans le lexique, page 59, les mots utiles pour une compréhension globale du texte ou une bonne compréhension de points de détail importants permettant au lecteur de faire ses propres hypothèses, et ainsi de suivre plus facilement l'intrigue.

Sommaire

Chapitre 1 Un curieux courant d'air   **7**

Chapitre 2 De l'autre côté...   **11**

Chapitre 3 La fille au dragon   **14**

Chapitre 4 Un bien étrange pays   **18**

Chapitre 5 Comment ça, en retard ?   **22**

Chapitre 6 Le temps perdu se rattrape !   **26**

Chapitre 7 Une « corres » géniale !   **30**

Chapitre 8 Une fin d'après-midi orageuse   **34**

Chapitre 9 Prisonniers dans la grotte   **38**

Chapitre 10 La disparition   **41**

Chapitre 11 À l'hôpital   **44**

Chapitre 12 Épilogue   **48**

Questions et activités   **53**

Lexique   **59**

Réponses aux questions   **63**

Les personnages

De ce côté-ci :
Monsieur et madame Leduc
et leurs enfants :
Alban, collégien
Amanda, la fille aînée, lycéenne
Henri, le plus jeune fils, écolier

ainsi que...
Rémus, le chien de la maison

De l'autre côté :
Sibylle, une adolescente de l'âge d'Alban
et
Lilami, son jeune dragon violet

Lieux :
- de ce côté-ci : dans une petite ville de province
et ses environs
- de l'autre côté : dans un monde fantastique

CHAPITRE 1
Un curieux courant* d'air

– Tu es content de ta nouvelle chambre, petit frère ?

– Oui, bien sûr, Amanda, répond Alban sans grand enthousiasme.

Alban a maintenant une grande pièce pour lui tout seul. Ce n'était pas drôle de partager sa chambre avec son jeune frère Henri. Mais déménager*, ce n'est pas seulement changer de maison et avoir une plus belle chambre, c'est aussi quitter ses amis, son collège... Alban est un peu triste et inquiet. Il se demande comment seront ses nouveaux camarades de classe. Est-ce qu'il sera facile de se faire rapidement des amis ? Comment seront les profs ?

Alban vient de vider un dernier carton. Il range ses livres, installe son ordinateur, met quelques affiches au mur... Peu à peu, il se retrouve chez lui, comme avant. Son nouveau domaine lui plaît.

Mais la poussière* lui a donné soif et il a les mains sales.

– Où est ma salle de bains ? dit-il à haute voix.

Ma salle de bains ! C'est vrai que la maison est grande. Ses parents et son frère Henri dorment au premier étage. Amanda a une petite chambre sous le toit, au deuxième étage. Elle partage avec Henri et les parents la salle de bains du premier. Alban a de la chance, il y a une autre salle de bains pour les invités au rez-de-chaussée, au bout du couloir, et elle est surtout pour lui : sa chambre est juste en face !

Alban pousse la porte, hum ! ça sent la peinture. Dans un coin, traînent encore quelques carreaux* blancs ; le plombier* a oublié un seau* et des bouts* de tuyau sous le lavabo. L'électricité marche. Il ouvre le robinet d'eau chaude mais il ne se passe rien, pas une goutte ne sort. Le robinet d'eau froide envoie un violent jet d'eau jaune, puis un jet normal. Alban laisse couler l'eau pendant une bonne minute. Peu à peu, elle redevient claire. Il se lave les mains, se passe un peu d'eau froide sur le visage, cherche un verre, n'en trouve pas. Il place alors sa main sous le robinet et se met à boire.

Évidemment, il n'y a pas de serviette non plus ! Toutes ses affaires de toilette sont dans sa chambre. Alban décide d'aller les chercher. Il laisse la porte de la salle de bains ouverte, mais elle se referme d'un seul coup quand il traverse le couloir. Tiens, c'est curieux, tout est pourtant fermé. Il ne peut pas y avoir de courant d'air... Il revient avec deux grandes serviettes, un tube de dentifrice, une brosse à dents, un verre... Quand il veut accrocher les serviettes, il fait tomber une savonnette qui glisse à côté du lavabo, derrière le seau. Alban se baisse pour la ramasser et sent un courant d'air. Il déplace le seau, les tuyaux, retrouve enfin son savon. Le courant d'air se fait de plus en plus fort. D'où vient-il ? Sur le côté de la douche, derrière le rideau en plastique, il découvre une longue fente* dans le mur. C'est par là que l'air froid entre dans la salle de bains.

Alban s'étonne, la salle de bains est toute neuve ! Mais finalement, il se dit que le maçon* n'a peut-être pas encore terminé son travail. D'ailleurs, les carreaux, le seau, quelques outils en témoignent*.

Dans la soirée, toute la famille se retrouve dans la salle de séjour.

– Papa, les ouvriers n'ont pas fini les travaux dans ma salle de bains. Tu sais quand ils auront tout terminé ? demande Alban.

– Non, je ne sais pas. Il reste la ventilation à monter. Et il faut poser les carreaux dans l'angle où se trouve la douche. Mais tu peux prendre ta douche au premier.

– Non, non ! Vous êtes déjà assez nombreux là-haut. Et puis, il ne fait pas trop froid. Ce n'est pas un petit courant d'air de rien du tout qui va me déranger.

– C'est pas juste ! lance Henri. Tu as une salle de bains pour toi tout seul, et en plus tu n'es pas obligé de te laver parce qu'il y a un trou dans le mur !

– Tout le monde n'est pas comme toi, objecte Amanda. Il y a des gens qui font leur toilette même quand personne ne les y oblige...

– Amanda, je ne suis pas une fille ! Je n'ai pas besoin de passer une heure sous la douche tous les matins !

– Regarde, même Rémus est plus propre que toi ! Pas vrai, hein, mon gros toutou* !

CHAPITRE 2
De l'autre côté...

En prenant sa douche, Alban est intrigué : non seulement le courant d'air est toujours là, mais il entend aussi un bruit de pas léger, il lui semble qu'un animal gratte le long du mur à l'extérieur. Il veut en avoir le cœur* net. Il va dans le jardin, fait le tour de la maison : rien. Aucune marque de pas dans les parterres, les fleurs qui entourent la maison sont intactes*.

Comme c'est mercredi, Alban se dit qu'il a le temps de mener sa petite enquête. Il décide de commencer par ranger la salle de bains pour y voir plus clair. Quand il décroche* le rideau de la douche, il se rend compte qu'il s'est trompé, il ne s'agit pas d'une fente qui laisse passer l'air, mais plutôt d'un passage mal fermé par une plaque* entre la paroi* de la douche et le mur de la pièce. La plaque est lourde, mais il parvient à la pousser. Il libère ainsi une ouverture d'environ 70 centimètres de haut sur 40 centimètres de large. Alban est mince et souple. Il arrive à se faufiler* dans l'ouverture. Il rampe* sur deux mètres, puis le passage s'élargit. Il aperçoit une forte lumière au bout de la galerie. Le courant d'air est devenu si puissant qu'il a de la peine à avancer. Il arrive à un coude* de la galerie, fait quelques pas encore et se retrouve dehors, en plein soleil. Il n'y a aucun vent. La lumière l'aveugle*, mais ses yeux s'habituent peu à peu au grand jour.

Tout à coup, il prend peur. Il se rend compte qu'il n'est pas dans le jardin de la maison – et que la maison a disparu ! Devant lui, il découvre un vaste paysage avec des champs, un petit bois et, au loin, une ville. Il croit voir courir un animal dans un petit chemin, un gros chien peut-être, mais il est violet ! Il se retourne brusquement. Derrière lui, la galerie qu'il a suivie s'ouvre dans un talus*. Pris de panique, il s'y précipite !

Encore ébloui* par le soleil, il a du mal à se diriger dans l'obscurité*. Peu à peu, il reconnaît le passage. Un air frais le décoiffe. Il retrouve la petite ouverture qui le ramène dans la salle de bains et fonce dans sa chambre. Mais il est incapable de ranger ses affaires. Il reste assis sur le bord du lit, immobile, les yeux grands ouverts. Il n'arrive pas à fixer son regard sur ce qui l'entoure, il ne voit que le paysage ensoleillé et cette drôle de bête violette. Il se demande s'il a rêvé ou s'il devient fou...

Il est brusquement tiré de ses réflexions :

– À table les enfants ! Le déjeuner est prêt !

Il arrive bon dernier. Ses parents, son frère et sa sœur ont déjà pris place autour de la table.

– Où étais-tu ? lui demande son père. Je t'ai cherché partout.

– J'étais dans la salle de bains. J'ai fait du rangement.

– Bien sûr, je n'ai pas pensé que tu pouvais être là. Tu ne m'as pas entendu ?

– Tu sais, avec les écouteurs, tu peux toujours crier, je n'entends rien !

– C'est vrai. Je n'y pense jamais...

– Tu as besoin de moi cet après-midi ? demande Alban.

– Non, non. Et merci de nous aider à ranger la maison !

Monsieur et madame Leduc doivent se rendre après le déjeuner dans la ville voisine.

– Les enfants, est-ce que vous voulez nous accompagner en ville cet après-midi ? demande madame Leduc.

– Oui, répond Amanda, il me faut un tas de choses pour décorer ma chambre. Je voudrais aller au centre commercial.

– De toute façon, on y passe. Et toi, Henri ?

– Je voudrais un nouveau jeu vidéo ! Je vais sûrement en trouver un dans le centre commercial !

– Moi, je préfère rester à la maison. J'ai encore tellement de choses à faire, déclare Alban.

– Comme tu veux ! répond monsieur Leduc. Tu n'as besoin de rien ?

– Non, merci. Je ne crois pas.

– À ce soir, Alban !

CHAPITRE 3
La fille au dragon*

Dès qu'Alban se retrouve seul à la maison, il se précipite dans la salle de bains. Il déplace la lourde plaque pour libérer le passage et s'enfonce* dans la galerie. Quelques minutes plus tard, il se retrouve en pleine nature sous un soleil éblouissant. Cette fois, il fait quelques pas en direction d'un petit groupe d'arbres et s'assoit sur une grosse pierre en bordure d'un petit chemin.

La température est agréable. Alban regarde autour de lui sans quitter des yeux l'ouverture du passage d'où il vient de sortir. Comme tout à l'heure, il n'y a aucune trace de la maison. Dans le paysage, rien ne rappelle le jardin, la rue, les constructions voisines. Il a de nouveau peur, il sent son cœur cogner* dans sa poitrine, mais sa curiosité est plus forte que tout. Il veut comprendre ce qui lui arrive.

14

Ses parents viennent de partir et il a au moins trois heures devant lui pour explorer les alentours*. Il décide de suivre le petit chemin. Les arbres et les fleurs sur le bord du sentier lui font penser aux promenades dans la campagne avec ses grands-parents. Il y a également beaucoup d'oiseaux, des oiseaux qu'il ne connaît pas, et qui s'approchent de lui sans crainte.

Tout à coup, il entend un bruit dans les buissons*. Il s'arrête, n'ose pas tourner la tête. Le bruit se rapproche. Il voit les hautes herbes bouger. Il devrait fuir, mais où ? Avec quel animal sauvage est-ce qu'il va se trouver* nez à nez ? un sanglier* ? une biche* ? À ce moment, une adolescente sort du bois et prend le sentier* dans sa direction. Elle lève la main droite, et l'animal quitte à pas lents les hautes herbes pour regagner le chemin. Là, il vient se frotter contre les jambes de sa maîtresse.

Alban se détend. Il regarde en direction de la jeune fille qui lui sourit pendant qu'elle caresse*... son animal. Même s'il en a la grosseur, il ne s'agit pas d'un chien. C'est une bête de couleur violette, avec un long cou et de grosses pattes. Malgré son étrangeté, elle semble familière à Alban. D'un seul coup, il se dit que c'est un dragon ! Et les dragons, il les connaît bien, il a lu tellement de romans sur eux ! Le seul petit problème, c'est que les dragons n'existent pas !

– Je suis en train de rêver, ou alors il s'agit d'une mauvaise plaisanterie, murmure Alban inquiet.

– Non, non, tu ne rêves pas, lui dit la jeune fille. C'est bien un dragon, et même un très gentil dragon ! Tu peux le caresser, il ne mord* pas !

– Euh... je ne sais pas...

– Et il ne crache* pas le feu non plus !

– Il s'appelle comment ?

– Lilami, à cause de la couleur de ses écailles ! Je crois qu'il veut jouer avec toi ! Lilami, calme-toi. Au pied ! Et toi, comment tu t'appelles ?

– Alban. Et toi ?

– Sibylle.

– Comme la magicienne ?

– Oui, sauf que moi, je ne suis pas magicienne* !

Pendant quelques instants, les deux adolescents se regardent en silence, puis Alban prend la parole.

– Dis-moi, Sibylle, où est-ce qu'on est ici ? Ne te moque pas de moi, mais je ne sais pas où je suis.

– Pourquoi est-ce que je me moquerais de toi ? Je sais d'où tu viens. Tu viens de l'autre côté.

– De l'autre côté de quoi ?

– De l'autre côté de la frontière qui sépare nos deux mondes. Je t'ai vu ce matin quand tu sortais de ton trou dans le talus. Ton pays est de l'autre côté du passage, le mien est ici, de ce côté-ci.

– Je ne comprends rien, Sibylle.

– Voyons, ce n'est pas compliqué. Tu sais, par exemple, que la vie est différente sur la terre et dans la mer : il y a le monde terrien et le monde marin. Ces deux mondes se trouvent l'un à côté de l'autre, mais les hommes ne sont jamais descendus au fond des océans. De même, les êtres* qui vivent dans la nuit des profondeurs marines ignorent tout de la vie sur terre. Et bien, c'est la même chose pour nous. Nous aussi nous vivons l'un à côté de l'autre, mais nous ne nous connaissons pas. Les habitants de ton pays n'ont aucune idée du mien. Ils ne savent même pas qu'il existe ! Tu as découvert un passage par hasard, tu comprends ?

– Oui, mais j'ai bien du mal à croire ce que tu racontes ! Dis-moi, où est-ce que tu as appris le français ? Tu le parles très bien !

– Alban, je ne sais pas le français. C'est une illusion : je ne parle pas ! Mais je sais ce que tu penses et je peux te transmettre ce que je pense.

Alban est troublé. C'est trop pour aujourd'hui. Il doit rentrer chez lui et retrouver sa famille.

– Excuse-moi Sibylle, mais il faut que je rentre.

– Je sais, Alban. À bientôt !

CHAPITRE 4
Un bien étrange pays

Alban aimerait bien raconter à quelqu'un sa rencontre avec Sibylle et Lilami. Mais à qui ? Ses parents critiquent déjà son goût pour les histoires de dragons et l'encouragent* à lire des ouvrages* de son âge... De toute façon, ils ne le croiraient pas. Amanda ne le prend jamais au sérieux. Alban ne va pas lui donner une aussi belle occasion de se moquer de lui. Henri l'écouterait sûrement, mais il voudrait tout de suite l'accompagner pour voir le dragon. Non, il est bien trop jeune...

Quelques semaines ont passé. Alban n'est pas retourné dans le pays de Sibylle. Il s'est fait des copains au collège, mais n'a pas encore de vrais amis à qui il peut se confier.

Les vacances de printemps arrivent. Amanda doit aller passer quelques jours chez sa meilleure amie, qu'elle n'a pas revue depuis le déménagement. Henri va retrouver ses grands-parents pour deux semaines, il est heureux de les revoir.

– Alban, tu es sûr que tu veux rester ici pendant toutes les vacances ? demande monsieur Leduc.

– Oui, papa. Je n'ai pas fini d'installer ma chambre. Et puis, il faut que je fasse un peu d'anglais et des maths si je veux avoir la moyenne à la fin de l'année.

– Tu es courageux, dit madame Leduc, c'est très bien. Mais tu sais que tu seras seul à la maison. Ton père et moi, on a énormément de travail en ce moment et nous rentrerons assez tard le soir. Sans ton frère et ta sœur, tu crois que tu ne vas pas t'ennuyer ?

– Mais non ! Je vais travailler, je vais lire. Il paraît que la médiathèque est super. Je vais pouvoir y aller avec mes nouveaux copains. Ne vous inquiétez pas pour moi !

C'est ainsi qu'Alban décide de profiter* de ses quinze jours de vacances pour découvrir le pays de l'autre côté. Un bien étrange pays !

Il retrouve Sibylle et son fidèle Lilami, et se promène avec eux dans la campagne. Peu peu, il se familiarise* avec ce monde nouveau. Il y voit les mêmes plantes, les mêmes arbres que de ce côté-ci, mais les animaux sont différents. On ne rencontre pas seulement quelques dragons, mais aussi d'énormes oiseaux qui ressemblent à des cigognes*, en beaucoup plus gros. Debout au repos, ils sont plus grands qu'un homme.

Les autres animaux lui sont familiers : des lapins, des hérissons, et beaucoup d'oiseaux de toutes les couleurs. Curieusement, les animaux ne s'enfuient pas quand il s'approche d'eux avec Sibylle et son dragon.

– Sibylle, c'est drôle. Les animaux n'ont pas peur de nous.

– Pourquoi est-ce qu'ils devraient avoir peur ? On ne veut pas leur faire de mal !

– Non, bien sûr. Mais ils ne le savent pas !

– Mais si, ils le savent !

– Et comment ?

– Ils saisissent* très bien ce que nous voulons faire. Ils nous comprennent comme moi je te comprends, Alban.

– Mais... Lilami et toi, vous pouvez...

– Oui... On échange nos pensées, on discute, de même que toi et moi en ce moment. Essaie de dire quelque chose à Lilami pour voir !

– Lilami, viens ici et assieds-toi !

– Tu vois, Alban. Lilami vient et s'assoit.

– C'est formidable ! Lilami, dis-moi quelque chose, s'il te plaît !

– Non, Alban, là, c'est trop difficile ! Ici, hommes et bêtes ont l'habitude de communiquer par la pensée, mais toi...

– Enfin, Sibylle, je te comprends bien, toi !

– Oui, parce que nous sommes tous les deux des humains et que je sais comment te transmettre ce que je pense.

L'étonnement d'Alban est si grand qu'il ne voit pas le temps passer. Quand il regarde sa montre, il est déjà l'heure de dîner. Ses parents sont sûrement rentrés et vont s'inquiéter. Il s'affole.

– Excuse-moi, Sibylle. Il est très tard. Mes parents vont m'attendre. Il faut que je rentre tout de suite. À demain !

Sibylle regarde Alban courir vers le passage qui doit le ramener dans son monde. Perplexe*, elle le suit* des yeux sans comprendre...

CHAPITRE 5
Comment ça, en retard ?

Quand Alban regagne la maison, ses parents viennent tout juste de rentrer. Ils n'ont pas encore eu le temps de remarquer son absence. Il se promet d'arriver à l'heure à l'avenir.

Le lendemain matin, il retourne « de l'autre côté », dès que ses parents sont partis au travail.

Il est un peu surpris de retrouver Sibylle à l'endroit exact où il l'a quittée la veille, comme si elle l'avait attendu.

– Bonjour, Sibylle. Ça va ? dit Alban en caressant Lilami entre les oreilles.

– Oui... Et toi, tu vas bien ?

– Oui.

– Tu en es sûr ? Pourquoi es-tu parti en courant ?

– J'étais en retard. Je ne voulais pas que mes parents s'inquiètent.

– En retard ? Je ne te comprends pas... Ça veut dire quoi ?

– Je ne pouvais pas rester plus longtemps. Il était déjà tard. Je n'avais plus le temps.

– Alban, ça ne veut rien dire ! On peut faire ce qu'on veut dans le temps. On a toujours du temps.

– Maintenant, c'est moi qui ne comprends plus rien. Le temps est compté, et une heure, c'est une heure, soixante minutes, et pas une minute de plus ou de moins !

– Oui, mais tu peux ajouter ou retirer autant d'heures que tu veux quand tu te déplaces...

– Quand je me déplace ? Ajouter à quoi ? Quand une heure est terminée, on passe à la suivante. On ne peut pas revenir en arrière !

– Pourquoi est-ce qu'on ne peut pas revenir en arrière ?

– Parce qu'on ne peut pas. C'est comme ça et c'est tout !

– Moi, je peux. Regarde : je suis là, je fais deux pas en arrière, et maintenant je suis ici. Bon, je refais deux pas en avant et je suis à nouveau là. Et je peux aussi avancer de trois pas ou reculer* de cinq. Où est le problème ?

– Le problème, c'est que tu te déplaces dans l'espace, pas dans le temps !

– Mais c'est pareil, Alban !

– Attends ! Ne dis plus rien. Il faut que je me calme. J'ai l'impression que je deviens fou !

Alban a la tête qui tourne. Se déplacer dans le temps comme on se déplace dans un champ ? Est-ce qu'il a bien compris Sibylle ? Et puis, c'est absurde ! Ou bien elle se moque de lui, ou bien il y a vraiment quelque chose qu'il ne saisit pas.

– Je suis sûr qu'on ne peut pas se déplacer dans le temps, et le temps se déroule toujours à la même vitesse, et dans le même sens...

– Mais non, Alban !

– Si, si ! Regarde ma montre ! Elle marche parfaitement. Hier, je suis parti d'ici à 19 heures 30, et maintenant il est exactement 9 heures 17.

– Ça ne veut rien dire. Il est 9 heures 17 par rapport à quoi ? Ta montre, c'est juste une petite mécanique qui tourne toujours à la même vitesse. Je choisis le moment du temps que je veux, comme je choisis l'endroit de l'espace où je veux être.

– Mais Sibylle, je t'ai quittée hier soir ici. Je te retrouve ce matin au même endroit.

– C'est vrai, tu es parti, et je n'ai pas bougé. Je n'ai pas changé de place – je suis toujours à côté de ce rocher –, et je n'ai pas changé de temps, je suis toujours dans le moment présent !

– Dans le moment présent... maintenant ?

– Oui, je te dis que je n'ai pas bougé : je ne suis allée ni dans le passé ni dans le futur. Il n'y a pas d'intervalle de temps pour moi entre le moment où tu es parti et le moment où tu es revenu. Tu comprends ?

– Tu veux dire que... pour toi... je suis parti et revenu au même moment ?

– C'est ça !

– Donc, si je comprends bien, on est ici et tu peux partir. Tu peux me quitter pour aller dans un autre endroit. Tu peux aussi me quitter pour aller à un autre moment... du passé ou du futur.

– Exactement ! Je vais te le prouver. Je pars à un autre moment et je reviens.

D'un seul coup, Sibylle a disparu. Alban est resté seul avec Lilami. Quelques instants plus tard, Sibylle est de nouveau à côté de lui.

– Tu vois, Alban, c'est simple ! Si tu voulais, tu pourrais rentrer chez toi avant d'être parti !

– Ça, ce n'est pas possible ! Dans ton monde, on peut se déplacer dans le temps. Dans le mien, c'est impossible. Et on ne peut pas changer le passé !

– Tu as sûrement raison. Mais tu peux quand même rentrer au moment où tu es parti !

– D'accord. Je vais essayer !

Alban reprend le chemin du passage qui le mène à sa salle de bains.

CHAPITRE 6
Le temps perdu se rattrape* !

Alban ressort par l'ouverture du talus et rejoint Sibylle qui l'attend, assise sur le rocher.

– C'est vraiment extraordinaire, Sibylle ! Quand je suis entré dans la salle de séjour, mes parents venaient de s'en aller... comme quand je suis parti la première fois ce matin pour te retrouver à côté de ton rocher.

– Tu vois, Alban, tu as vraiment « tout ton temps », puisque tu peux pratiquement rentrer chez toi à l'heure où tu es sorti. Il faut juste que tu n'oublies pas les deux minutes que tu mets pour traverser la galerie entre ta salle de bains et l'ouverture dans le talus.

– Pourquoi ?

– Parce que la galerie est dans ton monde, Alban. Et là, le temps compte !

– C'est vraiment génial ! Tu vas pouvoir me faire visiter ta ville.

– Oui, et je vais te présenter à mes amis.

Sibylle et Alban, accompagnés de Lilami, entrent dans la petite ville. Quel choc pour Alban ! Il se croirait dans une bande dessinée ! Les gens portent des vêtements extravagants, de toutes les formes et de toutes les couleurs. Certains ont l'air de sortir tout droit du Moyen* Âge, ou de la Renaissance*, tandis que d'autres sont habillés normalement, c'est-à-dire comme ses parents, les Leduc. Il y a des animaux partout, on a l'impression qu'ils se promènent en toute liberté. Aucune voiture ne circule en ville, tout le monde se déplace à pied.

Malgré cela, il y a quand même beaucoup de bruit. En effet, entre eux, les habitants semblent peu utiliser la transmission de pensée. Beaucoup préfèrent crier en faisant de grands gestes, d'autres ont choisi de chanter pour communiquer. Alban est tout étourdi* par l'animation intense et l'atmosphère étrange qui règnent* ici. Il a* bien du mal à s'imaginer qu'il habite à quelques pas, dans un monde qui, en comparaison, lui semble calme et ordonné.

Alban regarde autour de lui, écoute. Il se demande quand il va se réveiller car, c'est évident, il rêve. Soudain, Sibylle lui prend la main comme pour lui rappeler qu'ils sont en train de se promener.

– Si tu veux, je peux te montrer où j'habite.

– Ça me ferait plaisir ! C'est très gentil.

– Ce n'est pas loin. Tu vois la grande maison avec le toit rouge ? Eh bien, c'est là !

Guidé par Sibylle, Alban entre dans une grande cour où les bruits de la rue ne pénètrent pas. Des adolescents de son âge sont en train de discuter. Quelques adultes jouent à des jeux qu'Alban ne connaît pas. Il y a des pions* comme pour le jeu* de dames. Ils boivent quelque chose qui ressemble à du thé.

– Papa, maman ! voici Alban ! Il vient du pays qui se trouve de l'autre côté.

– Bonjour, Alban. Sois le bienvenu.

Alban ne sait pas trop comment réagir, mais Sibylle reprend :

– Vous n'allez pas me croire, mais Alban est prisonnier du temps ! Dans son monde, on ne peut pas se déplacer dans le temps et on ne peut jamais revenir en arrière. Le temps s'écoule toujours à la même vitesse. Je crois que de l'autre côté on passe sa vie à organiser toutes ses activités en fonction du temps.

– Oui, nous le savons, répond son père. C'est un vrai cauchemar* !

Alban a retrouvé un peu d'assurance et demande :

– Vous connaissez le pays d'où je viens ?

– Bien sûr. Nous connaissons tous un ou deux passages pour y aller, mais nous savons que c'est très dangereux. Si jamais nous ne retrouvons pas le passage pour rentrer, nous resterons nous aussi prisonniers du temps.

Alban ne trouve rien à dire et Sibylle l'entraîne vers un groupe de copains et copines. Alban a bien du mal à répondre à toutes les questions qu'on lui pose. Personne

ne veut le croire quand il explique comment fonction-
nent l'école et le collège. Pourquoi est-ce qu'il faut aller à
l'école ? Pourquoi est-ce que le temps d'étude est limité ?
Pourquoi est-ce qu'il y a un programme obligatoire* ?
Pourquoi est-ce que les élèves ne peuvent pas étudier ce
qu'ils ont envie d'apprendre ?

Dans le monde de Sibylle, on est libre de faire ce qu'on
veut puisqu'il n'est jamais trop tard pour se mettre à étudier. Et quand on est passionné par quelque chose, on
n'est pas limité par le temps.

Sibylle est très curieuse de découvrir le monde d'Alban.
Ses parents lui permettent de l'accompagner à condition
qu'elle soit prudente* et ne reste pas trop longtemps
absente. En effet, là-bas, Sibylle sera elle aussi prisonnière
du temps et obligée d'obéir à ses règles.

CHAPITRE 7
Une « corres* » géniale !

Pour éviter les questions embarrassantes*, Alban décide de dire à ses parents que Sibylle fait partie d'un groupe de correspondants anglais qui participent à un échange scolaire. Au collège, Sibylle sera la fille d'amis anglais des Leduc.

La communication ne devrait pas poser de problème non plus. Avec la transmission de pensée, tout le monde sera convaincu de parler normalement avec elle. Et pour ne pas désobéir à ses parents, Sibylle rentrera bravement chez elle tous les soirs par le passage de la salle de bains.

Le lundi, Sibylle accompagne Alban au collège et assiste au cours de maths.

– Avant de poser ton équation*, dis-moi à quoi correspond x ? demande madame Robert à Marine. Je sais que ce n'est pas facile. Réfléchis. Tu dois pouvoir trouver.

La professeure a à peine fini de formuler sa question que la réponse fuse* :

– X, c'est l'inconnue qui doit me permettre de calculer la vitesse. Elle représente le chemin parcouru par rapport au temps.

Marine n'en revient pas elle-même. Elle est faible en maths et a beaucoup de mal à suivre en physique. D'un seul coup, la réponse lui est venue à l'esprit, comme si quelqu'un la lui avait soufflée*. Madame Robert la félicite.

– C'est très bien, Marine ! Tu vois, ce n'est pas si difficile. Continue comme ça et tu n'auras aucun problème pour passer dans la classe supérieure à la fin de l'année.

Ce jour-là, tous les élèves répondent parfaitement aux questions posées. Alban n'est pas surpris. On est fort en maths dans le pays d'à côté et Sibylle est particulièrement douée*. Mais personne, ni les élèves ni la professeure, n'imagine un seul instant que c'est la jeune fille qui souffle les bonnes réponses.

Le mercredi soir, Sibylle est invitée à dîner chez les Leduc. Toute la famille la trouve sympathique. Elle raconte des histoires de dragons à Henri qui est aux anges*. Amanda lui montre sa chambre et Sibylle la félicite pour sa décoration qu'elle trouve très réussie. À table, elle parvient à éviter habilement les questions pièges* portant sur l'Angleterre.

– Qu'est-ce que tu penses des nouveaux groupes en Grande-Bretagne ? demande madame Leduc.

– Oh ! Vous savez, nous habitons à la campagne. On peut dire que nous vivons hors du temps. On ne s'intéresse pas beaucoup à la musique, ni à la mode. Je fais pas mal de sport, je lis énormément. À l'école, je fais partie d'un groupe de théâtre qui m'occupe bien. Je n'ai pas le temps de me consacrer* à autre chose.

– Tu as déjà beaucoup voyagé ? demande à son tour monsieur Leduc.

– Non, c'est la première fois que je quitte mon pays. Mes parents pensent que je suis encore trop jeune pour voyager seule. Ils sont même un peu inquiets en ce moment. Ils ont peur que je ne me débrouille* pas bien en France.

– Ils ont tort de se faire* du souci. Tu parles parfaitement le français. Tu n'as absolument aucun accent !

– Nous avons l'intention de faire une petite excursion dimanche prochain, ajoute madame Leduc. Si tu veux, tu peux nous accompagner. Nous voulons visiter les ruines* d'un vieux château et une grotte*. On va pique-niquer. Si cela te dit, viens !

Sibylle se tourne vers Alban, qui lui sourit.

– D'accord ! J'aime beaucoup les vieux châteaux et les grottes. Et il y a bien longtemps que je n'ai pas pique-niqué.

Rémus s'approche de la table et vient se frotter contre le jean de Sibylle.

– Rémus ! Qu'est-ce qui te prend ? Veux-tu laisser Sibylle tranquille ! crie monsieur Leduc.

– Laissez-le faire. J'adore les chiens, hein Rémus ?

– On a l'impression qu'il veut te dire quelque chose. Ah ! si seulement les chiens avaient la parole* ! s'exclame Amanda.

Elle ne croit pas si bien dire. Rémus comprend tout de suite que Sibylle n'est pas comme les autres humains. Avec elle, on peut s'exprimer.

Depuis quelques minutes, le chien de la maison et la jeune étrangère sont en train de parler de la sortie de dimanche !

CHAPITRE 8
Une fin d'après-midi orageuse

Ce dimanche, à huit heures du matin, Sibylle prend place dans la grosse voiture des Leduc. Les parents sont à l'avant, les quatre enfants à l'arrière avec Rémus. Henri a emmené un gros ballon. Amanda porte une jolie chemise, des jeans à la mode et de ravissantes petites chaussures. Elle a emporté avec elle son mp3 et un roman. De toute évidence, elle n'a pas l'intention de se lancer dans l'exploration de ruines ou de grottes.

Sibylle et Alban ont mis des chaussures de marche et des jeans. Ils ont pris des lampes de poche et de vieux pulls, car il fait toujours froid dans les souterrains*. Ils ont décidé d'explorer ce qui reste du vieux château. Le bulletin météo annonce du beau temps et de la chaleur, mais prévoit quelques violents orages en fin de journée. Rémus ne quitte plus Sibylle.

– On pourrait peut-être garer la voiture ici et pique-niquer à l'ombre des grands arbres là-bas ? propose monsieur Leduc.

– C'est une bonne idée, répond madame Leduc. Regardez l'immense prairie*. Henri, tu as bien fait d'emmener ton ballon !

– Et là-bas, qu'est-ce que c'est ? veut savoir Amanda.

– Ce sont les ruines du château. Et un peu plus loin, sur la gauche, se trouve l'entrée de la grotte, répond monsieur Leduc.

– Oh là là ! c'est loin ! J'ai bien fait d'avoir apporté de la musique et de la lecture. Je crois que je vais passer une bonne journée tranquille à bouquiner* à l'ombre !

– Tu ne veux pas venir avec nous ? demande Sibylle.

– Non, sincèrement, j'aime mieux rester ici. Les grottes, les ruines, je n'aime pas trop ça. J'ai toujours peur que quelque chose s'effondre*. Mais je ne veux pas vous gâcher le plaisir !

Le repas sur l'herbe se passe dans la bonne humeur. Les Leduc ne sont plus seuls car, entre-temps, deux autres familles se sont installées à quelque distance pour pique-niquer, elles aussi. Après le repas, Henri se fait des copains et leur propose une partie de ballon. Un couple a invité les Leduc à jouer aux boules. Amanda est plongée dans la lecture de son roman.

Sibylle et Alban, suivis de Rémus, se dirigent vers les ruines du vieux château.

– Il y a aussi des châteaux à visiter dans ton pays, Sibylle ?

– Bien sûr, Alban, mais chez nous il n'y a presque pas de bâtiments en ruines.

– Pourquoi ?

– Tu sais, quand on peut se déplacer dans le temps, on préfère les voir toujours en bon état. C'est quand même plus beau !

– C'est vrai. J'aurais bien aimé voir ce château au Moyen Âge.

– Moi pas. Tu as de la chance de visiter ces ruines aujourd'hui...

– Pourquoi ?

– Parce que tu peux rêver, imaginer ce que tu veux... Rien ne t'empêche d'inventer les histoires les plus folles ! Personne ne te dira que tu te trompes. Moi, quand je visite un château, je n'ai pas le choix, je ne peux pas rêver. C'est toujours la même chose : un château sans histoire. Il n'y a aucune place pour l'imagination.

– En tout cas, aujourd'hui, toi aussi tu es libre d'imaginer ce que tu veux. Ici, tu ne peux pas te promener dans le temps.

– Oui, tu as raison. Et je vais en profiter. D'ailleurs, j'ai déjà entendu parler de ces ruines et des grottes chez moi. On raconte que près d'ici il y a un passage qui relie nos deux mondes.

– Comme dans ma salle de bains ?

– Exactement !

Les deux ados se promènent dans les ruines quand Rémus se met à tourner en rond et à aboyer* doucement.

Sibylle comprend tout de suite ce que le chien veut leur dire : un orage se prépare.

– Allons visiter les grottes, on y sera à l'abri*, propose alors Alban.

Une forte pluie se met à tomber. Il tonne, des éclairs illuminent le ciel.

– Ouf ! on est au sec ! Sibylle, est-ce qu'on attend la fin de l'orage ici avant de rejoindre mes parents ou est-ce qu'on visite les grottes en attendant ?

– C'est un peu bête d'attendre ici sans rien faire. Allons-y ! Rémus, viens !

– Rémus, arrête d'aboyer, s'il te plaît ! Tu ne fais pas peur à l'orage !

CHAPITRE 9
Prisonniers dans la grotte

Les jeunes ont à peine parcouru une trentaine de mètres que la pluie se met à former un ruisseau* qui coule dans la grotte. Le ruisseau gonfle de manière inquiétante. Il n'est plus possible de regagner la sortie. Rémus refuse d'avancer.

– Qu'est-ce qu'on peut faire ? demande Alban.

– Je ne sais pas, mais je crois qu'on est en sécurité ici, répond Sibylle.

Comme pour lui donner* tort, un énorme bruit retentit au moment où Sibylle termine sa phrase. Alban éclaire l'intérieur de la grotte avec sa lampe de poche : deux très gros rochers se sont détachés du plafond. Quand ils comprennent qu'ils auraient pu être écrasés*, les deux ados prennent peur. Presque timidement, ils se tiennent par la main. Ils cherchent un endroit pour se protéger des chutes de pierres et de l'eau qui continue de monter. Ils se blottissent* avec Rémus dans un creux de la grotte. Tout à coup, une énorme masse de terre et de pierres vient boucher une partie de l'entrée de la grotte.

Cette fois, l'angoisse s'empare d'Alban et de Sibylle. Ils sont prisonniers de la grotte avec Rémus. Ils ne pourront jamais sortir de là tout seuls, c'est clair. Comme si ce n'était pas assez, une deuxième masse de terre vient bloquer entièrement l'entrée de la grotte. Il ne reste plus qu'une petite ouverture par laquelle on voit les éclairs, illuminant le ciel.

– Qu'est-ce qu'on peut faire pour sortir de là ? demande Alban d'une voix tremblante.

– Pour l'instant, rien, répond Sibylle. Il faut attendre tes parents. Ils viendront nous chercher après l'orage.

– Ils viendront... ils viendront... J'espère qu'il ne sera pas trop tard ! Avec toute cette eau, la grotte peut s'effondrer. Non, je crois qu'il faut prévenir les pompiers*, la gendarmerie... Mais comment ? j'ai oublié mon portable* à la maison.

– Tu sais bien que je n'ai pas de portable, moi !

– Même si nous crions, personne ne peut nous entendre ! Je suis sûr que mes parents pensent que nous sommes bien à l'abri et en sécurité ici. Ils ne s'inquiètent pas pour nous.

– Mais il y a Rémus !

– Quoi, Rémus ? il est enfermé avec nous. Il ne peut rien faire !

– Si, il peut nous aider ! Tu as vu la petite ouverture ? Eh bien, je suis sûre qu'il peut sortir par là pour aller chercher du secours !

– Mais comment ?

– Il faut lui expliquer !

– Rémus n'est pas Lilami. Il ne comprend pas tout ce qu'on lui dit !

– C'est ce que tu crois, mais tu te trompes. Rémus et moi, nous nous comprenons très bien. Tu ne sais pas tout ce que nous nous sommes déjà dit !

– Bon, essaie alors ! De toute façon, on n'a plus rien à perdre. Rémus, tu es notre dernière chance !

Sibylle s'adresse à Rémus. Elle lui parle comme à un humain. Patiemment, elle lui explique qu'il doit sortir par la petite ouverture, puis courir retrouver les parents d'Alban, qu'il doit aboyer, les tirer par leurs vêtements vers la grotte pour leur faire comprendre qu'Alban et elle ont besoin d'aide. Il ne doit surtout pas se laisser enfermer dans la voiture ! Il faut que ses maîtres réagissent ! On pourrait presque penser que Rémus répète les instructions* de Sibylle pour lui montrer qu'il a bien tout compris.

Rémus quitte les deux jeunes à toute vitesse. Il escalade le barrage de terre et de pierres. Quelques secondes plus tard, le chien disparaît par la petite ouverture. Au même moment, une partie de la grotte s'effondre dans un grand bruit. Surpris, Alban et Sibylle sont emportés sur plusieurs mètres sans pouvoir résister. Ils n'ont même plus la force de parler et restent pendant de longs instants couchés dans la boue*.

La main d'Alban cherche celle de Sibylle, puis il perd* connaissance.

CHAPITRE 10
La disparition

Rémus accomplit parfaitement sa mission. Il traverse la prairie, court vers le parking, puis saute en aboyant contre les portières de la grosse voiture où les Leduc se sont mis à l'abri. Monsieur Leduc crie au chien de se taire, mais Rémus ne veut rien entendre. Monsieur Leduc descend de la voiture. Aussitôt, Rémus le tire par la jambe de son pantalon pour l'entraîner vers la grotte. C'est madame Leduc qui comprend la première qu'il se passe quelque chose de grave :

– Il est arrivé quelque chose aux enfants !

Elle se retourne en même temps que son mari pour regarder en direction des ruines du château. Horreur* ! Toute une partie de la colline* a glissé et recouvre l'entrée de la grotte. Il n'y a pas une minute à perdre. Il faut

41

appeler les secours. Monsieur Leduc compose le 18 sur son portable.

– Allô ! les pompiers ? Deux adolescents sont enfermés dans la grotte de l'Ours à côté des ruines du château de Rochenoire. Un glissement de terrain a entièrement bouché l'entrée de la grotte. Venez vite !

Vingt minutes après, les pompiers sont sur place avec une équipe de secours et une ambulance. Ils creusent un passage au milieu de la terre et des pierres qui ferment l'entrée de la grotte. Puis, aidés par Rémus, ils retrouvent rapidement le corps d'Alban. Il est sans connaissance, mais il est vivant ! Il a eu beaucoup de chance !

Une demi-heure plus tard, Alban est pris en charge par le service des urgences* de l'hôpital.

Pendant tout ce temps, les pompiers continuent de chercher Sibylle. Elle a dû être emportée par la masse de boue qui a envahi la grotte. Les opérations durent jusqu'à la tombée de la nuit, on ne trouve aucune trace de Sibylle. Les recherches reprennent le lendemain matin, mais il faut se rendre* à l'évidence : Sibylle est sûrement morte et son corps ne sera peut-être jamais retrouvé.

Les Leduc doivent prévenir la famille de Sibylle. Ils ne connaissent même pas son nom de famille. Ils savent juste qu'elle est anglaise et qu'elle participe à un échange scolaire. Monsieur Leduc appelle le principal* du collège.

– Je vous comprends bien, monsieur Leduc, mais je vous assure qu'il n'y a pas d'échange scolaire en ce moment.

– Ce n'est pas possible ! Alban nous a présenté Sibylle comme une collégienne anglaise.

– Oui, je vous crois. Au collège, il nous a dit qu'elle était la fille de vos amis anglais ! Nous ne savons pas plus que vous qui est Sibylle.

– Que pouvons-nous faire ?

– Le mieux est de prévenir la police, monsieur Leduc.

Quelle histoire ! La police a bien du mal à croire monsieur Leduc et monsieur Leduc ne peut pas répondre aux questions pourtant très simples de la police : qui est Sibylle ? Quel est son nom de famille ? Où habite-t-elle ? Chez qui est-ce qu'elle a habité pendant le soi-disant* échange scolaire ? Est-ce qu'elle est vraiment anglaise ?

Au commissariat, on fait quelques reproches à monsieur Leduc. On lui recommande de mieux s'occuper de son fils à l'avenir et de surveiller ses fréquentations*. Pour le commissaire, des parents responsables ne peuvent pas recevoir la copine de leur fils à dîner, ou l'inviter à un pique-nique, sans savoir qui elle est et qui sont ses parents. Ces remarques mettent monsieur Leduc de très mauvaise humeur parce qu'il sait que le commissaire a raison.

Finalement, la police lance un avis* de recherche et publie une mauvaise photo de Sibylle prise par Amanda sur son portable, mais en vain...

CHAPITRE 11
À l'hôpital

Après une semaine de soins* intensifs, la vie d'Alban n'est plus en danger mais il doit rester en observation. Il est maintenant seul dans une grande chambre claire. Quand on lui apprend la disparition de Sibylle, il réagit à peine. Du moins, il ne dit rien sur le moment.

Physiquement, il va beaucoup mieux, mais il délire* parfois pendant des heures. Il parle souvent de Sibylle, mais aussi de passages secrets, de dragons, de voyages dans le temps, d'animaux qui parlent. Les psychologues ne savent pas comment interpréter ce qu'il raconte. Ils pensent que l'accident dans la grotte et la disparition brutale de Sibylle l'ont profondément troublé*.

Seuls ses parents et sa sœur ont le droit de lui rendre visite, mais ils ne doivent pas rester plus d'un quart d'heure.

– Bonjour, Alban. Comment vas-tu aujourd'hui ? demande madame Leduc en embrassant son fils.

– Bien, maman.

– Est-ce que tu as besoin de quelque chose ? Qu'est-ce que je peux faire pour toi ?

– Je me sens très seul. Est-ce que mes copains du collège peuvent venir me voir ?

– Les visites te fatiguent trop, mon chéri. Il faut encore attendre un peu.

– Est-ce que tu peux venir avec Rémus ?

– Avec Rémus ? mais tu sais bien que les chiens n'ont pas le droit d'entrer dans l'hôpital. Quelle idée !

– Je suis sûr que Rémus a beaucoup de choses à me dire. Sibylle lui a peut-être laissé un message important pour moi...

– Mais enfin, même s'il avait le droit de venir ici, Rémus ne pourrait rien te dire !

– Sibylle et Rémus ont parlé ensemble. Je le sais ! Je les ai vus ! Sibylle parlait aussi à Lilami, son dragon violet. Et moi aussi, je lui ai parlé une fois à son dragon !

Madame Leduc se tourne vers la fenêtre pour ne pas montrer ses larmes à Alban. À chaque visite, c'est pratiquement la même chose. Elle se demande si Alban redeviendra normal un jour et s'il pourra sortir de son monde imaginaire.

Au bout de quelque temps, les médecins autorisent les visites de ses copains de collège. Alban discute. Il rit à nouveau. Il se remet à lire des romans d'aventure.

Un jour, le psychologue demande aux Leduc d'amener Rémus. Alban et Rémus se retrouvent dans une petite pièce. Le psychologue peut les observer et les entendre.

Comme tous les chiens heureux de retrouver leur maître, Rémus se précipite sur Alban en remuant la queue. Il le lèche* et pousse des petit cris. Alban lui prend la tête dans les mains, le caresse, lui demande comment il va, lui parle de Sibylle... Rémus répond par de grands coups de langue affectueux. Avant de retourner dans sa chambre, Alban serre Rémus contre lui et dit : « Pauvre Rémus, j'avais oublié que tu n'étais qu'un chien ! »

Le psychologue recommande aux parents d'Alban d'éviter de lui parler de Sibylle. Il pense qu'avec le temps Alban oubliera ce qui s'est passé.

Depuis la visite de Rémus à l'hôpital, Alban a beaucoup réfléchi. Il se demande s'il n'a pas rêvé.

Il y a eu ce terrible accident dans la grotte de l'Ours, ça c'est sûr. Mais est-ce qu'il est vraiment allé dans ce pays de l'autre côté ? Un pays où l'on se promène dans le temps comme nous dans un parc, un pays où il y a des dragons, où les humains et les animaux se comprennent par transmission de pensée... Tout cela est impossible. Un tel pays n'existe pas.

C'est le choc de l'accident qui lui a troublé l'esprit : il n'arrive plus à distinguer ce qu'il a lu dans les romans fantastiques et la réalité. Il a lu trop d'histoires de dragons et de voyages dans le temps...

Comme Alban ne raconte plus d'histoires invraisemblables, les médecins décident de le renvoyer chez lui. Il faut simplement qu'il se repose encore une quinzaine de jours à la maison avant de retourner au collège.

Les grandes vacances feront le reste. Quelques semaines sportives à la mer ou à la montagne devraient permettre à Alban de surmonter complètement le terrible choc qu'il a subi dans la grotte de l'Ours. À la rentrée, il aura tout oublié.

CHAPITRE 12
Épilogue

Alban est content de retrouver la vie de famille. Pour la première fois depuis plus de trois semaines, il retrouve sa chambre, ses livres, son ordinateur et son portable, qu'il avait oublié le jour de l'accident.

Il va dans la salle de bains, sa salle de bains puisqu'il est le seul à s'en servir. La petite pièce est bien rangée. Rien ne traîne : pas d'outils oubliés, de carreaux ou de seau. Il regarde tout de suite derrière le rideau de la douche : il n'y a pas de fente, encore moins de passage conduisant à un autre monde.

Alban est un peu déçu. Il espérait sans doute secrètement sentir un courant d'air et trouver une ouverture mal fermée. Il secoue la tête et sourit.

Il s'installe devant son ordinateur, l'allume. Il a reçu de nombreux messages pendant sa longue absence. Ses copains de collège d'avant le déménagement sont inquiets et veulent avoir de ses nouvelles. On a en effet parlé de la catastrophe de la grotte de l'Ours à la télévision. Ils ont bien essayé de lui téléphoner, mais ils avaient oublié que les portables sont interdits dans les hôpitaux.

Alban écoute ses messages sur sa boîte* vocale, téléphone, envoie des courriels*... La vie reprend. Il a envie de retourner rapidement au collège.

Au moment d'éteindre* son ordinateur, il remarque un fichier*. Il est étonné : qui s'est servi de son ordinateur pendant son absence ? Pour ouvrir le mystérieux fichier, il faut un code*... Il fait de nombreux essais sans succès. Puis il tape sans réfléchir « s i b y l l e ». Miracle ! le fichier s'ouvre.

Alban est tellement troublé qu'il n'arrive pas à lire le texte. Puis, peu à peu, il comprend que la coulée de boue a entraîné Sibylle jusqu'à un passage entre les deux mondes. Elle a réussi à rentrer chez elle, mais ses parents lui interdisent de retourner dans « le pays prisonnier du temps ». Elle a désobéi* une fois pour écrire ce texte parce qu'il est impossible d'envoyer des messages d'un monde à l'autre. Il fallait qu'elle revienne avant que le passage soit bouché.

Alban a les larmes aux yeux. Ainsi, il n'a pas rêvé. Sibylle est bien vivante elle aussi... mais ce message est une lettre d'adieu. Elle lui demande de ne pas l'oublier.

Au dîner, Alban est perdu dans ses pensées. Il a beaucoup de mal à se concentrer sur la conversation. Il s'agit de savoir où les Leduc passeront leurs prochaines vacances.

– Qu'est-ce que tu en penses, Alban ? Tu as une proposition à nous faire ? demande monsieur Leduc.

– Euh... comment ? Une proposition sur quoi ?

– Une proposition pour les prochaines vacances, petit frère, lui dit Amanda d'un ton amusé.

– C'est déjà les vacances ? s'étonne Alban.

– Non, pas encore, mais les vacances, ça se prépare ! continue sa sœur.

– Redescends sur terre, Alban ! dit madame Leduc. Où es-tu ? À quoi penses-tu ?

– Ou plutôt : « À qui penses-tu ? » se moque Amanda.

Tout le monde rit. Alban rougit. Sa sœur adore le faire* marcher. Beau joueur, Alban finit par sourire.

Alban ne peut s'empêcher de penser à Sibylle, à ce mystérieux dossier découvert dans son ordinateur. Est-ce qu'on ne lui a pas joué un tour ? Il a tellement parlé de Sibylle et de son étrange pays à l'hôpital qu'il n'était pas trop difficile de faire un faux dossier pour se moquer de lui. Mais qui aurait pu avoir l'idée d'une aussi mauvaise plaisanterie ? À la réflexion, ce n'est pas possible ! Personne ne peut avoir inventé les détails que Sibylle donne dans son message.

Avec le temps, Alban a bien du mal à faire la différence entre ce qu'il a vraiment vécu et ce qu'il a imaginé. Une seule chose est sûre : il a connu une Sibylle qui a disparu sans laisser de trace. Il ne saura sans doute jamais exactement qui elle était ni d'où elle venait.

À chaque fois qu'Alban entre dans sa salle de bains, il s'attend curieusement à sentir un courant d'air. Quand il est sous la douche, son imagination le transporte souvent au milieu de sympathiques dragons violets auxquels il parle... Si l'eau devenue soudain trop chaude le brûle, et le fait sortir brusquement de sa rêverie, il se retrouve devant un mur blanc désespérément lisse*. Le passage qui permettait d'échapper au temps a bel* et bien disparu.

Mais dès qu'Alban est de retour dans sa chambre, il lui suffit de deux clics pour retrouver le sourire devant le dossier « s i b y l l e ».

Questions et activités

Après la lecture du chapitre 1

Dis si les affirmations suivantes sont justes ou non.

1. Quand il n'y a pas d'invités, Alban a une salle de bains pour lui tout seul.
2. Alban partage une grande pièce du rez-de-chaussée avec son frère Henri.
3. Un courant d'air froid entre dans la salle de bains par une longue fente qui se trouve derrière le rideau de la douche.
4. Les ouvriers n'ont pas encore fini les travaux dans la salle de bains.
5. Il y a de l'eau froide et de l'eau chaude, mais l'électricité ne marche pas.
6. Amanda trouve que le chien Rémus est plus propre que son petit frère Henri.

Après la lecture du chapitre 2

Réponds aux questions.

1. En prenant sa douche, Alban entend du bruit de l'autre côté du mur. Que fait-il pour savoir de quoi il s'agit ?
2. Qu'est-ce qu'Alban découvre entre la paroi de la douche et le mur de la salle de bains ?
3. Où est-ce qu'il se retrouve après avoir traversé le passage ?
4. Pourquoi est-ce qu'Alban se demande s'il a rêvé ou s'il devient fou ?
5. À votre avis, pourquoi est-ce qu'il veut rester seul à la maison ?

Après la lecture du chapitre 3
Dis si les affirmations suivantes sont justes ou non.

1. Alban traverse le passage et décide d'explorer les alentours.
2. Il fait la rencontre d'une jeune fille qui se promène avec un dragon qui crache le feu.
3. Alban demande à la jeune fille si l'animal qui l'accompagne est bien un dragon.
4. Le matin, Sibylle a observé Alban quand il sortait du passage.
5. Sibylle et Alban vivent dans deux mondes différents qui sont l'un à côté de l'autre, mais qui s'ignorent.
6. Pour communiquer avec Alban, Sibylle ne parle pas : elle utilise la transmission de pensée.

Après la lecture du chapitre 4
Dis si les affirmations suivantes sont justes ou non.

1. Alban ne parle pas de sa rencontre avec Sibylle et Lilami à ses parents parce qu'il pense qu'ils ne le croiront pas.
2. Alban se confie à ses nouveaux copains de collège.
3. Pendant les vacances de printemps, Alban sera seul pendant la journée.
4. Dans le pays de Sibylle, il y a des plantes et des arbres qu'Alban ne connaît pas.
5. Alban ne comprend pas Lilami mais il peut lui donner des ordres.
6. Sibylle ne comprend pas pourquoi Alban part en courant pour retrouver ses parents dans son monde.

Après la lecture du chapitre 5
Réponds aux questions.

1. Sibylle peut se déplacer dans le temps. À quoi est-ce qu'elle compare le temps ?
2. Une montre, qu'est-ce que c'est pour Sibylle ?

3. Alban quitte Sibylle à 19 heures 30 et la retrouve au même endoit à 9 heures 17 le lendemain matin. Qu'est-ce que Sibylle fait pendant ce temps ?
4. Sibylle peut quitter Alban de deux manières. Lesquelles ?
5. Est-ce qu'Alban peut rentrer chez lui avant d'être parti ? Pourquoi ?

Après la lecture du chapitre 6
Dis si les affirmations suivantes sont justes ou non.

1. Le passage de la salle de bains fait partie du monde de Sibylle.
2. Dans le pays de Sibylle, il n'y a pas de voitures.
3. Sibylle croit que dans notre monde on passe sa vie à tout organiser en fonction du temps.
4. Les parents de Sibylle n'ont pas envie d'aller dans notre monde parce qu'ils ont peur de rester prisonniers du temps.
5. Les copains et copines de Sibylle ne croient pas Alban quand il leur explique qu'il ne peut pas apprendre ce qu'il veut au collège.
6. Les parents de Sibylle lui interdisent d'accompagner Alban dans son pays.

Après la lecture du chapitre 7
Dis si les affirmations suivantes sont justes ou non.

1. Pendant son séjour dans notre monde, Sibylle rentre tous les soirs chez ses parents.
2. En classe, Sibylle souffle les bonnes réponses aux élèves interrogés par transmission de pensée.
3. Sibylle fait peur à Henri quand elle lui raconte des histoires de dragons.
4. Sibylle explique aux Leduc qu'elle a déjà beaucoup voyagé.

5. Madame Leduc invite Sibylle au pique-nique prévu pour le dimanche suivant.
6. Sibylle et Rémus communiquent par transmission de pensée.

Après la lecture du chapitre 8
Dis si les affirmations suivantes sont justes ou non.

1. Amanda n'aime pas les grottes ni les ruines. Elle préfère la lecture et la musique.
2. Monsieur et madame Leduc jouent au ballon avec Henri.
3. Alban aurait aimé voir le château au Moyen Âge parce qu'un château en bon état, c'est plus beau que des ruines.
4. Sibylle préfère visiter des ruines parce qu'on peut imaginer tout ce qu'on veut quand on ne connaît pas le passé.
5. Sibylle croit qu'il y a un passage qui relie son monde au nôtre à côté des ruines et des grottes.
6. Sibylle et Alban veulent attendre la fin de l'orage avant de visiter les grottes.

Après la lecture du chapitre 9
Dis si les affirmations suivantes sont justes ou non.

1. Avec la pluie, le ruisseau qui coule dans la grotte gonfle tellement que les deux adolescents ne peuvent plus regagner la sortie.
2. Le portable d'Alban ne marche pas dans la grotte.
3. Sibylle ne peut pas appeler les Leduc par transmission de pensée parce qu'ils sont trop loin.
4. Sibylle explique à Rémus comment il doit rejoindre les Leduc et leur faire comprendre qu'Alban et elle ont besoin d'aide.
5. Après le départ de Rémus, une partie de la grotte s'effondre.

6. Alban et Sibylle crient pour rester en contact, mais ils sont séparés et emportés par la boue.

Après la lecture du chapitre 10
Dis si les affirmations suivantes sont justes ou non.

1. Madame Leduc comprend qu'il est arrivé quelque chose à Alban et Sibylle.

2. Monsieur Leduc appelle tout de suite la police sur son portable.

3. Les pompiers retrouvent Alban, mais ils pensent qu'on ne retrouvera peut-être jamais Sibylle.

4. Les Leduc préviennent rapidement les parents de Sibylle.

5. Ni monsieur Leduc ni le principal du collège ne savent qui est réellement Sibylle.

6. Le commissaire reproche à monsieur Leduc de ne pas surveiller les fréquentations de son fils.

Après la lecture du chapitre 11
Réponds aux questions.

1. De quoi parle Alban quand il délire à l'hôpital ?

2. Qui a le droit de rendre visite à Alban ?

3. Que pense madame Leduc de l'état mental d'Alban ?

4. Pourquoi est-ce que le psychologue demande à madame Leduc d'amener Rémus ?

5. Qu'est-ce qui change dans le comportement d'Alban après la visite de Rémus ? Pourquoi ?

Après la lecture du chapitre 12
Dis si les affirmations suivantes sont justes ou non.

1. Pendant le séjour d'Alban à l'hôpital, les travaux ont été terminés dans la salle de bains.

2. Avant la fermeture du passage, Sibylle est revenue de ce côté-ci pour donner de ses nouvelles à Alban dans un fichier qu'elle a écrit.

3. Au dîner, Alban pense tellement à Sibylle qu'il n'arrive pas à participer à la conversation.
4. Alban pense que sa sœur a écrit ce mystérieux fichier pour se moquer de lui.
5. Alban ne pense plus jamais au passage qui permettait d'échapper au temps.
6. Même si Alban a du mal à faire la différence entre ce qu'il a vécu et ce qu'il a imaginé, il sait que Sibylle existe bien.

Après la lecture de tout le roman
Fais les activités suivantes.

1. Donne un autre titre à l'histoire d'Alban.
2. Imagine une nouvelle illustration pour la couverture de ce petit roman.
3. Écris un texte pour la quatrième page de couverture.
4. Écris une critique de cette histoire fantastique pour le journal de ton collège.
5. Écris une lettre à l'auteur du livre.
6. Parle de *La fille qui vivait hors du temps* sur ton blog ou sur celui de l'école.

Lexique

Les explications données ne tiennent compte que du sens des expressions dans le texte.

fam. = familier ; **f.** = féminin ; **m.** = masculin ; **qqn** = quelqu'un ; **qqch.** = quelque chose

aboyer : crier (pour un chien)
être à l'**abri** *m.* : être en lieu sûr, être protégé
les **alentours** *m.* : environs
être aux **anges** : être très heureux, ravi
aveugler qqn : empêcher qqn de voir, troubler la vue de qqn
l'**avis de recherche** *m.* : message par lequel la police demande
    l'aide du public pour retrouver qqn
avoir du mal à faire qqch. : faire qqch. avec difficulté

bel et bien : vraiment, réellement
la **biche** : femelle du cerf
se **blottir** dans un creux : se réfugier dans un coin
la **boîte vocale** : dispositif permettant de laisser un message
    au téléphone
la **boue** : terre qui contient beaucoup d'eau
bouquiner *fam.* : lire
le **bout de tuyau** : morceau de conduite d'eau
les **buissons** *m.* : petits arbres avec des branches serrées

caresser : passer la main avec tendresse
les **carreaux** *m.* : carrés de céramique posés sur un mur
le **cauchemar** : rêve, chose ou personne qui fait peur
la **cigogne** : oiseau noir et blanc aux longues pattes et au long
    bec rouge
le **code** : suite de lettres ou de chiffres qui permet d'ouvrir
    un fichier
en avoir le **cœur net** : savoir de quoi il s'agit vraiment
cogner : frapper, battre avec force
la **colline** : petite montagne
se **consacrer** à qqch. : employer tout son temps à qqch.
la **corres** *fam.* : correspondante
le **coude** : tournant, changement de direction

le **courant d'air** : air qui se déplace
le **courriel** : e-mail, message électronique
cracher du feu : faire sortir des flammes de sa bouche

se **débrouiller** : se tirer d'affaire, se montrer habile
décrocher qqch. : détacher qqch., retirer qqch.
délirer : dire des choses qui n'ont pas de sens
déménager : changer de domicile
désobéir (à qqn) : ne pas faire ce que qqn ordonne
donner tort à qqn ≠ donner raison à qqn
être **doué** (en maths) : être très bon (en maths)
le **dragon** : animal fantastique avec des ailes, quatre pattes
    et une queue

être **ébloui** : être aveuglé par la lumière
écraser qqch./qqn : aplatir qqch./blesser qqn par un choc violent
s'**effondrer** : s'écrouler, tomber d'un seul coup
les questions **embarrassantes** : questions auxquelles il est difficile
    de répondre sans se trahir
encourager qqn à faire qqch. : inciter, pousser qqn à faire qqch.
s'**enfoncer** dans la galerie : avancer dans le passage
l'**équation** *f.* : en maths, égalité comportant une inconnue « x »
éteindre ≠ allumer
être **étourdi** par qqch. : être fatigué et gêné par qqch.
l'**être** : personne, animal

se **faire du souci** : s'inquiéter
faire marcher qqn : se moquer de qqn
se **familiariser** : s'habituer
se **faufiler** dans qqch. : se glisser dans qqch.
la **fente** : ouverture étroite et longue dans un mur
le **fichier** : document conservé dans la mémoire d'un ordinateur
les **fréquentations** *f.* : relations, personnes qu'on voit souvent
fuser : jaillir, sortir comme une fusée

la **grotte** : caverne, galerie naturelle creusée dans la roche

l'**horreur** *f.* : impression causée par qqch. de terrible, d'affreux

les **instructions** *f.* : recommandations, ce qu'on doit faire
intact : qui n'a pas été abîmé

le **jeu de dames** : jeu qui se joue à deux avec vingt pions noirs et vingt pions blancs

lécher (qqch.) : passer la langue sur (qqch.)
lisse : qui a une surface régulière, égale, unie

le **maçon** : personne qui construit des murs
la **magicienne** : personne qui pratique la magie
mordre : attaquer, blesser avec les dents
le **Moyen Âge** : période qui va du Ve siècle au XVe siècle

obligatoire : qu'il faut faire
l'**obscurité** *f.* : absence de lumière, noir
l'**ouvrage** *m.* : livre

la **paroi** : séparation, mur léger
avoir la **parole** : savoir parler, pouvoir parler comme les humains
perdre connaissance : s'évanouir, ne plus être conscient
perplexe : inquiet, qui ne sait pas quoi penser
la question **piège** : question qui cache un danger
le **pion** : pièce au jeu de dames ou au jeu d'échecs
la **plaque** : panneau, objet rigide et mince ayant une grande surface
le **plombier** : ouvrier qui installe les canalisations d'eau et de gaz
le **pompier** : professionnel qui combat les incendies et intervient pour sauver les gens en danger
le **portable** : téléphone mobile
la **poussière** : particules très fines qu'on retire avec un aspirateur
la **prairie** : terrain couvert d'herbe
le **principal** : directeur d'un collège
profiter de qqch. pour faire qqch. : qqch. permet de faire qqch.
être **prudent** : faire attention

ramper : se déplacer sur le ventre comme un serpent
se **rattraper** : se retrouver, se regagner
la **Renaissance** : période qui va du début du XVe siècle à la fin du XVIe siècle
reculer ≠ avancer
régner ici : exister ici, être ici
se **rendre à l'évidence** : finir par accepter ce qu'on ne peut pas mettre en doute

les **ruines** *f.* : ce qui reste d'une construction abîmée par l'âge
le **ruisseau** : eau qui coule, petit cours d'eau

saisir qqch. : comprendre qqch.
le **sanglier** : porc sauvage
le **seau** : récipient pour transporter les liquides
le **sentier** : chemin étroit dans la campagne
soi-disant : qui n'est pas ce qu'on dit
les **soins intensifs** *m.* : assistance médicale donnée à des blessés
    graves
souffler qqch. à qqn. : dire discrètement qqch. à qqn pour l'aider
le **souterrain** : pièce/passage située sous terre
suivre des yeux : accompagner du regard

le **talus** : terrain en pente
témoigner de qqch. : confirmer qqch.
le **toutou** *fam.* : bon chien fidèle
troubler : choquer, traumatiser
se **trouver nez à nez** avec qqn : rencontrer qqn brusquement

les **urgences** *f.* : cas qu'il faut traiter tout de suite

Réponses aux questions

Chapitre 1
Oui : 1, 3, 4, 6   Non : 2, 5

Chapitre 2
1. Alban va dans le jardin et fait le tour de la maison, mais il ne remarque rien.
2. Il découvre un passage mal fermé par une lourde plaque.
3. Il se retrouve dehors, en plein soleil, devant un vaste paysage. La maison et le jardin ont disparu !
4. Le paysage ensoleillé et la bête violette sont des choses tellement incroyables qu'il pense avoir rêvé ou devenir fou.
5. Alban veut sans doute profiter de l'absence de ses parents, d'Amanda et d'Henri pour traverser une nouvelle fois le passage.

Chapitre 3
Oui : 1, 4, 5, 6   Non : 2, 3,

Chapitre 4
Oui : 1, 3, 5, 6   Non : 2, 4

Chapitre 5
1. Sibylle compare le temps à l'espace. Elle avance et recule dans le temps comme elle le fait dans l'espace.
2. C'est une petite mécanique qui tourne toujours à la même vitesse. Elle n'indique pas le moment où on est puisque, dans le pays de Sibylle, on peut choisir le moment où on est.
3. Sibylle n'a pas bougé : elle ne s'est pas déplacée dans l'espace et est restée à côté du rocher ; elle ne s'est pas déplacée dans le temps non plus et est restée au moment où Alban l'a quittée.
4. Elle peut le quitter en allant dans un autre lieu ; elle peut le quitter aussi en allant dans un autre moment du temps, dans le passé ou le futur.
5. Alban ne peut pas rentrer chez lui avant d'être parti car, dans notre monde, on ne peut pas changer le passé.

Chapitre 6
Oui : 2, 3, 4, 5   Non : 1, 6

Chapitre 7
Oui : 1, 2, 5, 6   Non : 3, 4

Chapitre 8
Oui : 1, 3, 4, 5   Non : 2, 6

Chapitre 9
Oui : 1, 4, 5   Non : 2, 3, 6

Chapitre 10
Oui : 1, 3, 5, 6   Non : 2, 4

Chapitre 11
1. Il parle de Sibylle, de passages secrets, de dragons, de voyages dans le temps et d'animaux qui parlent.
2. Seuls monsieur et madame Leduc et leur fille Amanda peuvent lui rendre visite.
3. Elle se demande si Alban redeviendra normal un jour et s'il pourra sortir du monde qu'il s'est créé en imagination.
4. Le psychologue veut observer les réactions d'Alban en face de son chien. C'est un moyen de ramener Alban à la réalité.
5. Alban ne raconte plus d'histoires invraisemblables. Il pense que c'est le choc de l'accident qui lui a troublé l'esprit. Un pays où l'on se promène dans le temps, où il y a des dragons et où les humains et les animaux se comprennent par transmission de pensée, ça n'existe pas !

Chapitre 12
Oui : 1, 2, 3, 6   Non : 4, 5

Après la lecture de tout le roman
Réponses individuelles